UNA MENTE INDOMABLE

THAIRI KAHOITI

Copyright © 2024 Thairi Kahoiti
Ilustraciones interiores: Ángeles Luque
Todos los derechos reservados.
ISBN: 9798346684497

DEDICATORIA

A todos los que creen en el amor,
en sus formas infinitas,
en sus silencios y en sus palabras,
en su fuerza imparable y en su fragilidad.

A quienes lo buscan, lo viven,
lo sueñan, lo sienten,
y lo hacen, día tras día,
más grande y más humano.

Este libro es para ustedes,
que saben que el amor,
aunque a veces oculto,
siempre encuentra la manera
de revelarse en la poesía.

PRÓLOGO

A veces, las palabras nacen de un lugar tan profundo que no parecen tener dueño. Son susurradas por el viento, atrapadas en el aire, o arrancadas de las entrañas del alma, cuando ya no hay forma de contenerlas. En esos momentos, lo único que queda es dejarlas fluir, como una corriente indomable que nos arrastra y nos transforma. **Una mente indomable** es, precisamente eso: un torrente de pensamientos, emociones y vivencias que no pueden ser domadas por el silencio ni por las costumbres.

Este libro no es un intento de encontrar respuestas definitivas, ni de construir un camino recto y claro. Es, más bien, una exploración de las múltiples formas en que nos enfrentamos a la vida, al amor, al dolor, a la pérdida y a la esperanza. Es la búsqueda constante de algo que no se puede definir, algo que se escapa entre los dedos, pero que se reconoce en el latido de un corazón que nunca se detiene. Cada verso es una revelación personal, una ventana abierta a un rincón de la mente, una huella dejada en un sendero lleno de curvas y de sombras.

Escribir ha sido mi refugio y mi liberación. Al hacerlo, he aprendido a hablar conmigo misma, a confrontar mis miedos, mis deseos y mis contradicciones. En estas páginas encontrarán, no solo una visión de mi mundo interior, sino también un eco de lo que somos como seres humanos. Todos compartimos una lucha por entender, por conectar, por encontrar nuestro lugar en este universo caótico. Tal vez, al leer estos poemas, encuentren algo que resuene en sus propias experiencias, algo que también les pertenezca.

Cada palabra escrita en este libro nace del amor por las pequeñas cosas, por los momentos que, aunque fugaces, nos marcan profundamente. Pero también surge del dolor, de la rabia, de la tristeza que nos enseña a vivir de manera más plena. No hay pretensión de ser perfecta, ni de hallar una fórmula que nos dé sentido a todo lo que nos ocurre. La poesía, en su esencia más pura, no es más que una invitación a observar el mundo con una mirada más abierta, más honesta. A permitirnos sentir lo que a menudo ignoramos, a dar voz a lo que permanece silenciado.

Esta es una colección de versos que hablan de la distancia, de la nostalgia de mi tierra natal, Venezuela, y de mi nueva vida en mi querido México. Pero también hablan de la lucha diaria por mantener encendida la llama de la esperanza, por redescubrir la belleza en medio del caos. Y, sobre todo, por encontrar el valor de ser quienes realmente somos, sin máscaras, sin temores, sin límites.

Este libro no pretende ser la respuesta a todas las preguntas. Quizás no haya respuestas definitivas para todo lo que nos inquieta. Sin embargo, al sumergirnos en estas palabras, les ofrezco un espacio donde podemos dudar, explorar, llorar y reír juntos. Porque en la poesía, como en la vida misma, siempre hay algo más por descubrir. Y eso es lo que busco aquí: que, al leer estos versos, algo dentro de ustedes despierte, algo que los impulse a seguir adelante, a nunca rendirse ante las adversidades. Como una mente indomable, siempre en busca de lo siguiente, de lo que aún no hemos entendido, pero que intuimos cerca.

A ustedes, mis lectores, les agradezco por acompañarme en este viaje. Este libro es tanto mío como suyo. Ojalá cada poema les hable de su propia verdad, les ofrezca consuelo, o simplemente los haga pensar. Al final, somos todos parte de esta misma búsqueda, de este mismo fuego que nos mantiene vivos.

Gracias por ser parte de este viaje literario, por seguir explorando conmigo en las páginas de **Una mente indomable**.

Me cuesta mucho decir lo que siento, por eso escribo
escribir me permite liberar mi alma
sacar del pecho lo que siento
y aunque no pueda gritarlo a los cuatro vientos
lo que escribo se quedará plasmado en un papel
… para siempre.

CAPÍTULO I

A mí háblame con amor
porque es el único lenguaje que conozco.

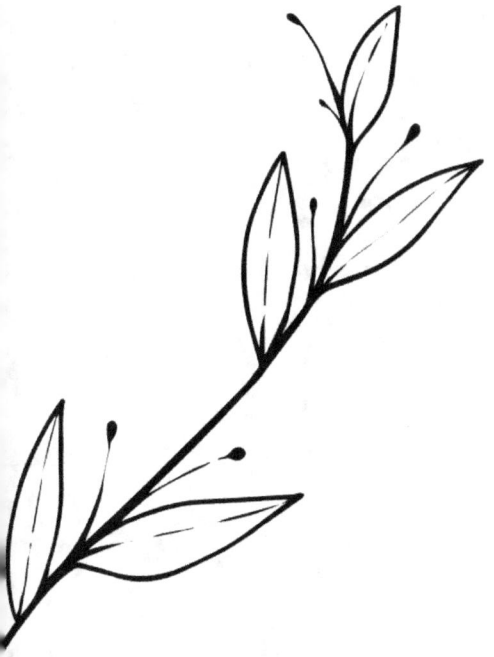

Una mente indomable

Creo en el amor en todas sus formas
creo en la pureza de las almas
en la gente buena
y en las almas gemelas.

Decir te amo no son solo palabras
un te amo es que te preparen el café como te gusta
es que pongan tu música favorita
un te amo es entrar en la vida de alguien
sin desestabilizarla
es estar sin hacer ruido.

Creo en el amor por la forma en que yo amo.

Mi mamá siempre me dijo que si voy a hacer algo
debo hacerlo bien
por eso no me gustan las medias tintas
ni las personas tibias.

Si vamos a estar juntos,
vamos a hacerlo bien.

Thairi Kahoiti

Una mente indomable

Contigo me imagino viajando por el mundo
caminando de la mano en la avenida Campos Elíseos
lanzando una moneda en la Fontana di Trevi
y viendo las hojas caer en el Central Park
pero también me imagino, los domingos de pelis en casa
sentarnos a charlar por horas en el sofá,
mientras juegas con mi pelo
haciendo desayunos improvisados
y discutiendo por a quién le toca lavar los platos
y es que quiero tantas cosas…
y las quiero todas contigo.

Entre los susurros de un ruidoso bar de Oxford, te recuerdo
Me acompaña un vino tinto que sorbo a sorbo,
me grita tu nombre
Estás aquí, cierro los ojos y te veo
Las risas de las mesas aledañas son un recordatorio
de que nos quedan muchos momentos felices por vivir
Palabras de un lenguaje lejano al mío
me dicen cosas que no puedo entender
y aun así las siento
Porque para sentir no hacen falta palabras
Y yo a ti te siento
así estemos a miles de kilómetros de distancia.

Thairi Kahoiti

Una mente indomable

Haz lo que quieras conmigo
descúbreme, explórame
no dejes de visitar ni un rincón de mi alma
Desnúdame, no me toques
mírame, léeme, conóceme
besa cada espacio de mi ser
hazme respirar profundo y suspirar de placer
Siénteme tan tuya que te cueste vivir sin mí
No quiero ser tu mitad ni tu complemento
quiero ser tuya
Haz lo que quieras conmigo
mírame y desármame
enciéndeme, mátame y revíveme con un beso
Háblame al oído, pero sin palabras
demuéstrame que estás tan loco como yo
Haz lo que quieras conmigo
que yo te juro que no me opondré.

Vino a mí, un pensamiento matutino
gritando tu nombre por doquier
diciéndome que el día sería duro...
Tráfico, trabajo por hacer,
el sube y baja de las escaleras de la oficina
Pero al final del día tú estarías allí
esperándome
ambos ansiosos porque llegue el momento
Sin preguntar ¿Cómo estás?
me das un beso de esos que me dejan sin aliento
un beso con sabor a te extrañaba
yo te respondo con un abrazo
de esos que sin decir nada, dicen mucho
Nos aislamos de la locura del mundo
para comenzar la locura nuestra
Lo único que pronuncian nuestros labios:
TE AMO.

Thairi Kahoiti

Una mente indomable

Es un suspiro con sabor a *te extraño*
a *me haces falta*
a *por qué demonios no estás aquí conmigo*
Una vez leí "en la cama se cuenta todo"
yo no necesité que me hablaras
me bastó con mirarte, con sentirte, con besarte
me bastó con escuchar los latidos de tu corazón
cuando tenía mi cabeza en tu pecho
me bastaba con tomar tu mano aún mientras dormía
me sentía tan conectada a ti
me bastaba con tener nuestras piernas entrelazadas
En la cama no se cuenta todo
no hacen falta palabras
en la cama se demuestra todo
se entrega todo.

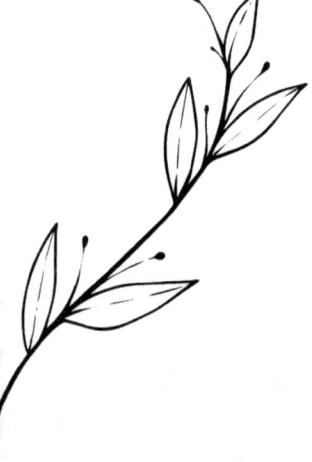

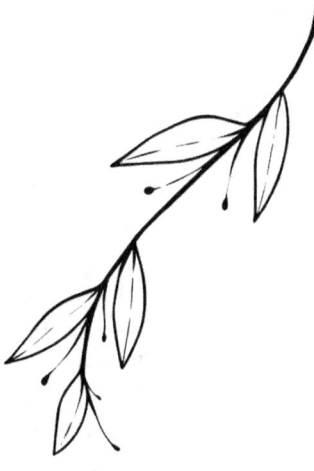

No me gustan los números impares
Nunca he sido de medias tintas
No quiero en mi vida relaciones tibias.

Quiero un *sí* contundente, sin dudas, ni titubeos
Quiero un amor sólido e inquebrantable
sin fantasmas del pasado ni miedo al futuro.

Quiero un aquí y ahora
y si la vida lo permite
quiero un para siempre.

Thairi Kahoiti

Una mente indomable

Estoy cansada de pretender que no te necesito
que soy independiente y que puedo sola
Y aunque pueda, la verdad, es que no quiero
Basta ya de querer competir para ver quién es el más fuerte
Yo no quiero ser la más fuerte, quiero ser la que más ama
y que esa fuerza que tanto me demuestras
la uses para protegerme
Ya no quiero competir contigo,
quiero que compitamos juntos contra el mundo.

Que irónico escucharte decir que me deseas una
linda noche
sin ti no hay linda noche
solo noche.

Thairi Kahoiti

Una mente indomable

Mis suspiros dicen tu nombre,
como un susurro del viento
tan sublime como el ensamble de una orquesta
Si supieras lo que pienso cuando suspiro,
ay amado mío, solo si supieras
no querrías separarte de mí ni un segundo,
haríamos volar la imaginación
y luego
… un suspiro será poco.

No me importa cuántas veces tenga que decirlo
no quiero nunca darlo por sentado
y si la rutina se atraviesa en el camino
y un día no lo digo
no quiero que dudes nunca… que te amo.

Él tan noche y yo tan día
Él tan rock y yo tan poesía
Él tan aventuro y yo tan calma
Él tan montaña y yo tan playa
Él tan invierno y yo tan verano
Él tan fiesta y yo tan casa
Él tan mar abierto y yo tan mar en calma
En esta danza de opuestos…
Él tan mío y yo tan suya.

El café sabe mejor
cuando está acompañado de una conversación
con el amor de tu vida.

Thairi Kahoiti

Una mente indomable

Como no amarte
si en tus ojos encuentro el cielo, el mar y el universo
como no perderme en esa sonrisa que me alborota el alma
como no querer quedarme entre tus brazos
                     para perderme de este mundo
si nuestra vida se volvió una
si ahora tu cielo es mi cielo
y después de buscarte en tantas vidas
lo que tenemos no quiero perderlo.

                     Larga vida a las personas que te regalan paz
                           que te regalan recuerdos bonitos
                                 y te hacen amar la vida.

Él es gentil, es un caballero
De los que acostumbran a enamorar con detalles
Es alto, guapo
con unos ojos verdes como aceitunas
y una barba que queda perfecta entre mis manos
con su acento, hace que las palabras suenen más bonitas
y me mira como nadie me ha mirado nunca
Él es el amor de mi vida
y yo ya estoy lista para conocerlo.

Donde se alegren por tus triunfos
donde te dicen que te aman y te lo demuestran
donde no minimizan tus sentimientos
donde te recuerdan lo bella que eres
    aun cuando estás despeinada y sin maquillaje
donde se enamoren de tus locuras
… Ahí es.

Thairi Kahoiti

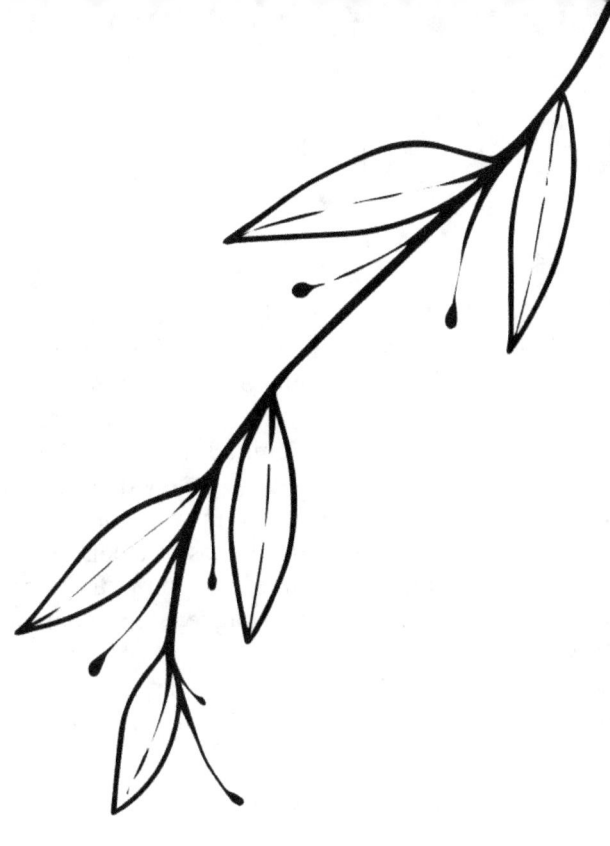

Yo que soy tan migrante
y tú te volviste mi hogar.

Una mente indomable

Reconozco cada poro, cada detalle
Reconozco cuando dices no y tus ojos gritan ¡SI!
Reconozco el olor de tu camisa
                    a kilómetros de distancia
Reconozco tu mirada sincera, tu mirada molesta
                    y tu mirada de perdón.
Reconozco quién fuiste y quién eres
Reconozco tus manos solo con sentirlas
Reconozco tu respiración y su ritmo
Te reconozco, aunque estés a contraluz.

                    No quiero dejar de creer en el amor
                        quiero volver a sentir mariposas
            Sentir el estómago de cabeza al pensarte
           Tengo miedo de dejar de sentir mi corazón
              porque no te conozco y ya me atrapaste.

Amarte a ti es libertad
es no cuestionar nada
es solo estar y ser feliz
Amarte a ti es sentirme viva nuevamente
es querer gritarle al mundo que te amo
es cerrar los ojos y pensarte
Amarte a ti es tener toda la libertad del mundo
y aun así querer estar a tu lado.

No tengas miedo de perderme
Yo he estado aquí desde antes de que tú llegaras
He soñado con tu presencia
                      cada noche de mi vida
No tengas miedo de perderme,
que he esperado muchas vidas, para estar contigo.

Thairi Kahoiti

Una mente indomable

No puedo asegurar lo que va a pasar mañana
el futuro es tan incierto como complejo
tal vez mañana tendremos otros nombres
tal vez no sea yo
por eso te amo tan intensamente
como si no hay mañana
como si este fuera el último día de nuestras vidas.

Estos días a tu lado han sido mágicos
no quiero que llegue el día de tu partida
quisiera que te quedaras conmigo para siempre
me gustas tanto, que no te has ido y ya me dueles.

Quiero despertar, con el olor del café en la mañana
Quiero escuchar el cantar de los pájaros
Quiero que un rayo de luz se cuele por mi ventana
Quiero ver las flores
Quiero sentir el rocío sobre mi piel
Quiero tantas cosas
Y las quiero todas contigo.

Estoy muerta de miedo
Esa sensación de, *"todo es muy bueno para ser verdad"*
Tengo miedo de caerme de mi nube
De que todo sea una ilusión
Tengo miedo de que termine algo
      que ni siquiera ha comenzado.

Thairi Kahoiti

Una mente indomable

Llegaste en el mejor momento de mi vida
cuando ya estaba completa
cuando no necesitaba a nadie para ser feliz
estando lista para vivir mi destino.

Soy muy feliz sin ti y, aun así
le doy las gracias a Dios por ponerte en mi camino.

Me gusta mi vida sin ti, pero prefiero una vida contigo.

La distancia no aleja
y aunque el atlántico nos separe
lo que tú y yo sentimos
nos mantendrá unidos para siempre.

Amor es sentir las caricias por debajo de la piel
No necesito que me digas que me amas
yo lo sé, porque lo siento
con cada abrazo, con cada beso
porque tu presencia me vibra el alma
este amor es más grande que tú y yo
es más grande que el mundo entero.

En la vida no debe faltar,
un buen libro,
buena música,
buen vino,
y una persona que te acompañe en tus viajes.

Thairi Kahoiti

LA RUTINA PUEDE SER UN REGALO
SI LA VIVES
CON LA PERSONA CORRECTA.

Thairi Kahoiti

Una mente indomable

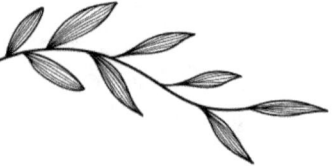

Ven, compliquémonos la vida
discutamos por dónde vamos a pasar la navidad
y dónde vamos a recibir el año nuevo
planifiquemos qué vamos a hacer
        en tu cumpleaños
        y en el mío
Pongamos sobre la mesa los países
que queremos visitar en las vacaciones
quejémonos de tu familia y de la mía.

Ven, compliquémonos la vida.

Una gota corre por mi copa
tiene la temperatura perfecta
para saciar y satisfacer mi necesidad
se siente cálido, intenso, apasionado
sabe a lo mejor que he probado en mi vida
tiene el poder para desbalancearme
y llevarme a otra dimensión
donde todo es perfecto, donde todo es amor
Y no…
No estoy hablando de vinos.

Thairi Kahoiti

Una mente indomable

No necesito hablarte para que sepas que te amo
nuestras almas hablan el mismo idioma y eso me basta
Sé que sabes
Siento que sientes
Y debajo de esa coraza
que se ha formado durante años
se encuentra el alma más pura
destinada a unirse con la mía
Yo estoy lista, ¿y tú?

Somos como la luna y el sol
aunque todavía no sé quién representa a cada uno
ambos somos frío y calor
somos hielo y fuego
somos invierno y verano
somos tan diferentes y a la misma vez tan parecidos.

El día que te conocí todos los planetas estaban alineados
como si nuestro encuentro estuviera escrito
en la memoria del universo
nuestros relojes se sincronizaron
y nuestras almas no lo dudaron ni un segundo
ya el destino hizo su parte
tú y yo nos encargaremos del resto.

Y es que preocuparte por el bienestar del otro
es la forma más bonita de amar.

Thairi Kahoiti

Una mente indomable

Tómame despacio, suavecito
como un chocolate en la mañana
como se toma el café en un día de lluvia
como se huele una flor
como se baila una bachata
tómame despacio, suavecito.

Si amarte es un castigo
yo cumplo mi condena.

Yo sé que volveré a sentir mariposas
Sé que mis manos sabrán de memoria la forma de tu espalda
Sé que mis labios son la pieza que le falta a los tuyos
Sé que me estás esperando
Y yo me he estado preparando todos estos años
para conocerte.

Quiero de ti, todo
tu risa, tu llanto
tu calma y tu tempestad
tu manera de decir las cosas
tu ser.

Thairi Kahoiti

Una mente indomable

No sé cuándo comencé a compartirme
No sé si fue la primera vez que escuché tu nombre
o la primera vez que tu mirada tatuó mi ser
No sé si fue cuando probé el sabor de tus labios
o la primera vez que me impregné de tu piel
Lo único que sé hasta ahora
es que soy más tuya que mía.

Si me regalan una eternidad sin ti
preferiría mil veces un día a tu lado.

Las pecas en tu espalda son como un universo
puedo perderme, volar y viajar en ellas con solo verlas,
sentirlas, besarlas, morderlas…
hacer un dibujo pasando mi dedo por cada una de ellas
tus pecas en la espalda conforman una marea
y cada vez que las veo, no dudo en ahogarme en ellas.

No se trata de quererte locamente
se trata de ser lo suficientemente cuerda
para no perderte nunca.

Thairi Kahoiti

Una mente indomable

No me des espacio
a mí me basta con que me tomes de la mano
No necesito espacio, mi lugar está a tu lado
No quiero que me des espacio porque para mí
tus brazos son mi universo
No necesito espacio, solo tiempo.

Encontrar el punto exacto
entre la razón y la locura
el punto exacto para que no se rompa la cuerda
y caigas al vacío
Identificar el punto exacto para que se encuentren
tu corazón y el mío.

Quién soy yo para decir que no
a algo que ya estaba escrito entre tú y yo.

Bendito sea el milagro que nos hizo coincidir
en un mundo lleno de extraños.

Thairi Kahoiti

CAPÍTULO II

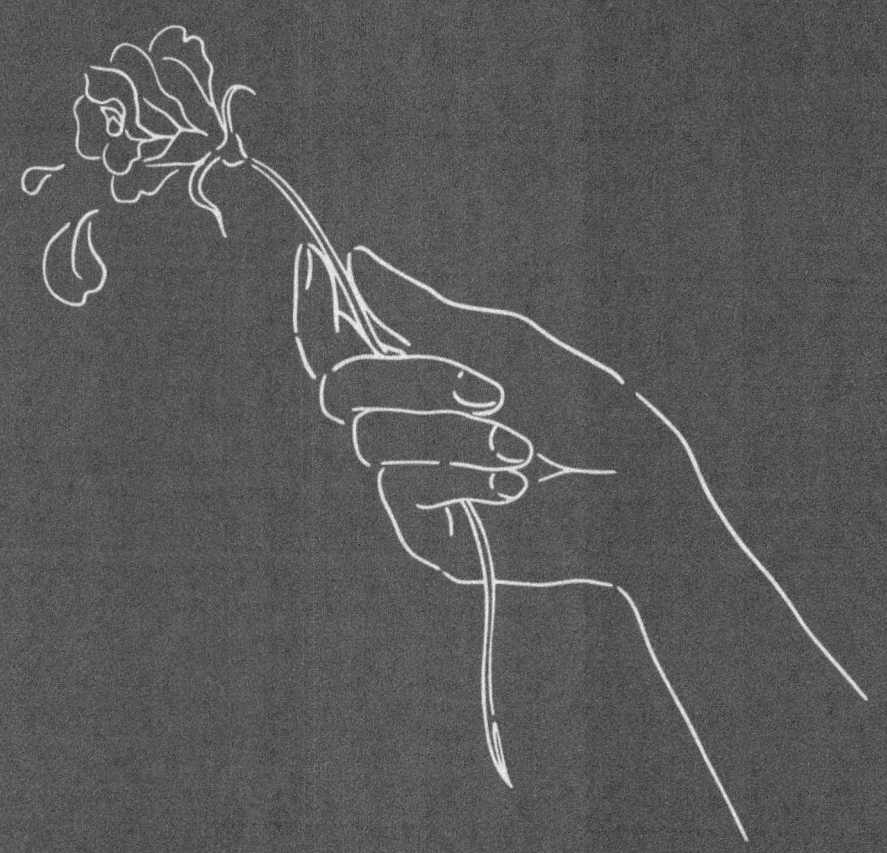

Que tan mal podemos estar
como para querer que nos sane
la persona que nos hizo daño.

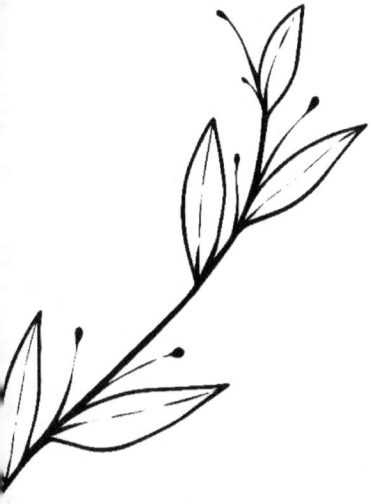

Una mente indomable

Pinceladas de nostalgia traen un adiós premeditado
Tantas palabras que quedaron suspendidas en el aire
y que no llegaron a los oídos de la persona correcta
En un vagón de tren con sonidos oxidados
se mezclan los pensamientos entre el ayer y el mañana
La esperanza de un abrazo que no sea de despedida
En una estación de tren en mi memoria.

Donde sea que estés quiero que sepas
que estoy en el mismo lugar donde me dejaste…
esperando que regreses.

Intenté borrarte de mi memoria
visité aquellos lugares que habíamos visitado juntos
con la intención de crear nuevos recuerdos
y reemplazar los tuyos
pero lo único que logré fue extrañarte.

Esa paz que tanto buscabas
y que conmigo nunca encontraste
espero que finalmente mi ausencia te la haya dado
porque, aunque nunca pude hacerte feliz
no fue por no haber querido
sino porque no supe cómo
mi mayor acto de amor fue irme de tu lado
partiendo mi corazón en pedazos
para que con mis piezas pudieras cubrir tus grietas.

Thairi Kahoiti

Una mente indomable

Son tantas las noches que han pasado desde que te fuiste
y tu recuerdo sigue más intacto que nunca
Todavía te escucho tocar la guitarra
Todavía te escucho calentando tu café
Fragmentos de una vida que antes fue nuestra
y ahora ni siquiera es mía
¿A quién le tocarás ahora tu guitarra?
¿Y quién te estará preparando el café?

¿Qué voy a hacer con tus cajones vacíos?
Con tus guitarras que piden ser tocadas
Con el escritorio que compraste para trabajar en casa
Con el espacio chiquitito que te había dejado en el closet
¿Qué voy a hacer con tus recuerdos…
con tu ausencia?

No
No me digas que me quieres
No me digas que me quieres cuando te vas
No me dejes el corazón partido
después de haber juntado las piezas
No se le enseña a alguien a volar
para después cortarle las alas
No me digas que me quieres
en un acto de cobardía
No.

Hoy escuché la canción que tanto me gustaba
y que hice nuestra
La que fue testigo de la consumación
de lo que yo pensé que era amor
Y fue inevitable recordarte.
Hoy, no nos colamos con la brisa
La distancia que nos separa se ha convertido
en un abismo infinito
La señora soledad, se alejó de ti
y se quedó conmigo.

Thairi Kahoiti

Una mente indomable

Finalmente tuve el valor de borrar tus fotos
Cada vez que lo había intentado terminaba rompiendo en llanto
Al verlas era inevitable recordar lo feliz que fuimos juntos
Yo y mi mala maña de querer documentarlo todo
Jamás podré borrarte de mi memoria
Pero al menos ya no quedarán las fotos
para recordarme lo que pudo ser.

Mi ciclo contigo ha terminado.

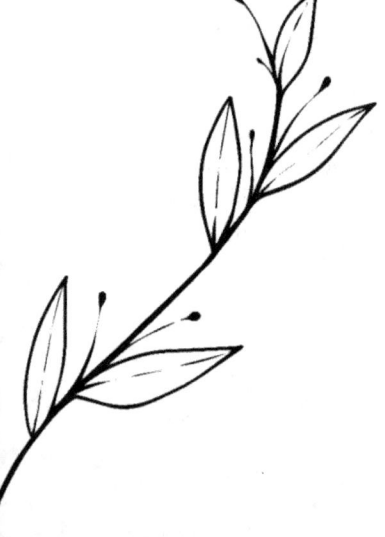

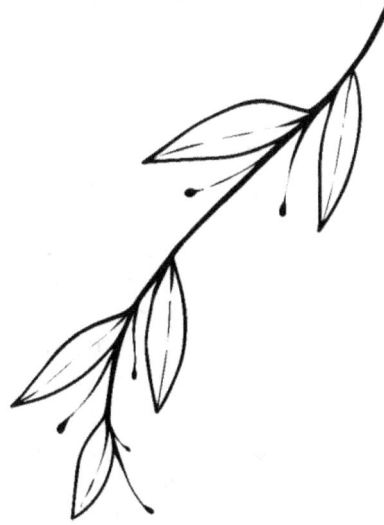

No puedo dormir
el calendario me recuerda
que mañana es una fecha importante
que antes fue nuestra
tomo mi teléfono y marco un número
que no tengo guardado, pero me sé de memoria
repica dos veces y me manda a buzón
una lágrima cae sobre mi rostro
y trae consigo recuerdos de todas las veces
que me hiciste llorar
seco mi mejilla y sonrío
tiro el calendario a la basura
y duermo con la serenidad de saber
que nadie se despertará al día siguiente
para decirme que ya no me quiere.

Thairi Kahoiti

Una mente indomable

Me voy, no porque no te ame
sino porque debo empezar a amarme más a mí
y duele, sí
pero me dolerá más ver hacia atrás
y darme cuenta que no tuve el valor de alzar la voz
para decir ya basta, es suficiente
tu forma de amar ya no es la correcta
y me hace daño
por eso me voy, antes de que sea muy tarde.

Ojalá algún día me recuerdes
y sientas mi ausencia hasta los huesos
quieras correr a buscarme
en ese lugar donde te esperé tanto tiempo
pero yo ya no esté ahí para recibirte.

Yo sí quería.
Yo sí quería quererte
Yo sí quería compartir todas mis noches contigo
Yo sí quería despertar todos los días a tu lado
Jamás sabrás todo el amor que me costó dejarte ir
y lo que todavía me sigue costando.

Si te tienes que ir, no te detengas
No te detengas por mi amor,
por este corazón que te grita quédate.
Porque si tu felicidad no está aquí
la mía se irá contigo a donde vayas.
Márchate, que yo me quedo por los dos
hasta que regreses.

Thairi Kahoiti

Una mente indomable

Aún recuerdo la sensación de mis pies sobre la arena
Aunque era de noche, el calor estaba a flor de piel
Bailábamos a la orilla de mar una canción de Guaco
Descalzos y con la mente desnuda
Sigo sintiendo el sudor de tu mejilla
tus manos en mi cintura
y tu respiración en mi cuello.

Ahora… ahora solo siento tu ausencia.

Dispárame directo al corazón
con todas tus fuerzas
aquí estaré para recibir cada una de tus balas
todas las veces que sean necesarias.

Una vez más te extrañan mis sábanas
una vez más te extraña mi alma
que extraño se siente acostumbrarse a extrañar.

Ayer me quejaba porque no cabíamos en la cama
hoy me quejo porque está vacía
El espacio que dejaste me abruma
me envuelve en un silencio ensordecedor
en estas cuatro paredes
Un eco de tu voz se coló por la ventana
y arrulla mis sueños como si estuvieras aquí
Tú no te fuiste, tu recuerdo sigue aquí conmigo
estás más presente que nunca.

Thairi Kahoiti

Una mente indomable

Mientras escribo
recuerdo todos los momentos que pasamos juntos
recuerdo cada palabra, cada gesto
cada beso, cada caricia
y lo plasmo en un papel
¡Que ingenua!
Como si eso cambiara algo
Pero no pasa absolutamente nada
tú sigues allá
mientras yo estoy aquí
junto a un montón de hojas
un lápiz y un papel...
Escribiendo.

Llegaste a desordenar mi vida
sin pedir permiso ni dar razones
con la autoridad que nadie te dio pero te asignaste
Como un turista de muy lejano
trajiste nuevas costumbres y formas de amar
Te di oro a cambio de espejos
te di todo hasta que ya no quedó nada más
Entonces fue cuando decidiste cambiar el rumbo
y conquistar otras tierras.

Debí estar más alerta
Debí ser más precavida
Las banderas rojas estaban por todos lados
pero yo no las veía
Me cegó su mirada, sus palabras, sus caricias
Estaba durmiendo con el lobo
y yo tan indefensa como caperucita.

Frío, no te penetres tanto en mi piel
mi abrigo me dejó y ahora no tengo con que protegerme de ti
Me dejó indefensa, a la deriva
quiso que me congelara en tus brazos
no le importó todo lo que luché para tenerlo
Pero ahora entiendo todo
se sintió inferior a ti
¡QUE SUERTE!
Pensé que ya no me quería.

Thairi Kahoiti

No me digas que me amas
para después decirme que te vas.

Una mente indomable

Una caricia efímera y compleja
pasa haciendo una caravana por mi piel
pasa sigilosa susurrándome al oído
y yo le hago caso omiso
quizá porque daña mi peinado
o porque arde en mis ojos
pero me recuerda a ti
a la realidad de tus caricias
tiene el poder que tienes tú
de erizar mi piel cuando pasa por mi cuello
se parecen mucho
en especial porque ambos llegan y se van
cuando quieren.

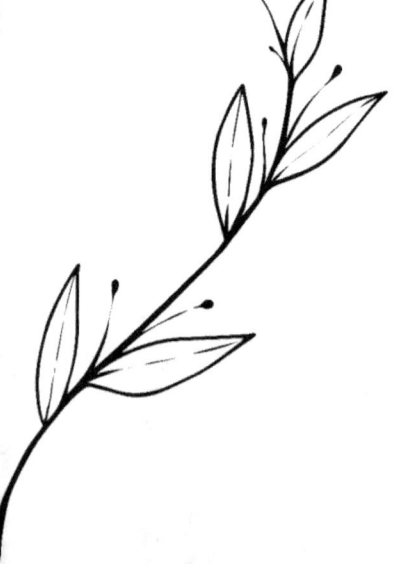

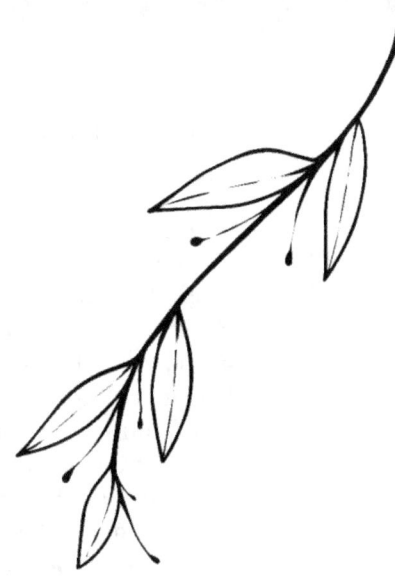

Se siente muy feo
se siente terrible
que después de acostumbrarme a ti
tenga que decirte adiós
no porque quiera sino porque es lo correcto
por darme el valor que tú no me diste
A veces quisiera olvidarme de todo y llamarte
para decirte que te extraño y que te necesito
Decirte que me muero por tenerte a mi lado
por acurrucarme en tus brazos y caer en un sueño profundo
despertar en la madrugada y decirte que te quiero
Que te quiero, carajo, te quiero.

Thairi Kahoiti

Una mente indomable

Fue un amor de turno
de esos que llegan de la nada y de la nada se van.
Fue un amor de turno que hizo estragos en mi alma,
me devolvió la inspiración, me hizo feliz.
Fue un amor de esos que por pasajero y fugaz
te deja un sabor amargo.
Un amor de esos que te desordenan el pensamiento
y te llenan de ilusión el corazón.
Fue un amor de turno que me dejó el alma vacía,
el corazón desarmado, la respiración a destiempo
y la voz ahogada.

Y yo que nos vi juntos hasta viejitos
Agarrados con nuestras manos arrugaditas
A pasos lentos con tamaño de gigantes
Y que la gente nos pregunte cuál es el secreto
    del amor para toda la vida
¿Qué les voy a decir si te vas ahora?

Me pregunto si esa canción que cantaste
tiene algo que ver conmigo
si eso es lo que sientes o lo que yo estoy queriendo creer
espero que algún día me la cantes al oído para averiguarlo.

Yo no quiero ser parte de un juego macabro
de promesas olvidadas
con la esperanza de que algún día se cumplirán
mi alma se cansó de esperar
y la espera dejó a mi corazón malherido
con el dolor de pensar que no fui suficiente
mi dignidad va recogiendo los pedazos que dejé en el camino
y poco a poco voy volviendo a ser yo
la niña dulce que creyó en tu juego macabro.

Thairi Kahoiti

Una mente indomable

Quisiera tener la fortaleza que tienes tú
cortaste todo desde la raíz de la manera más fría y calculadora
Yo que creía ser tu todo
en cuestión de horas me convertiste en nada
Al final no estaba tan equivocada
nunca me amaste como yo a ti
que fácil ha sido para ti regresar a tu vida sin mí
y yo que me había acostumbrado a una vida contigo.

Sí algún día mi recuerdo se cuela en tu memoria
abrázame y no me sueltes
quiero quedarme allí contigo para siempre.

Que difícil es decirle adiós a lo que nunca comenzó
A la promesa de un amor que pudo ser muy bonito
Que difícil es explicarle al corazón que ya no te ame
no porque yo no quiera, sino porque tú así lo decidiste.

Me cansé de vivir con fantasmas del pasado
que nunca quisiste erradicar de tu vida
aun sabiendo todo el daño que me hacían
disfrutabas de tenerlos al acecho
Hoy te dejo en libertad
para que tú y tus fantasmas sigan haciendo de las suyas
ahora a alguien más.

Thairi Kahoiti

Una mente indomable

Extrañarte se ha vuelto cotidiano
despertarme y que no estés a mi lado se ha vuelto rutina
preguntarme dónde estás, con quién y qué estás haciendo
se ha convertido en mi pasatiempo favorito
lo peor de todo es que en las noches
cuando cierro los ojos
me duermo con la esperanza de que al abrirlos
estés aquí conmigo.

Por qué si los dos queríamos estar juntos, no lo logramos
no supimos retenernos y nos soltamos de las manos
tal vez por orgullo o cobardía
por errores inconscientes que separaron nuestras vidas.

Cuántas cosas pueden cambiar de un verano a otro
que diferente este junio al anterior
los lunes ya no son de playa
y aquí el calor no se siente igual
Aquel verano te conocí
y en este, intento olvidarte.

Y me alegré por ti
Ese día que era tan importante
quise llamarte y decirte
lo feliz y orgullosa que estaba
hasta tenía un mensaje preparado
Pero entendí
que si yo no estaba celebrando
ese momento contigo
es porque tú así lo quisiste
Así que borré el mensaje
pero me alegré por ti
lo viví, lo disfruté
Porque eso pasa
cuando ves cumplir un logro
a la persona que amas
te alegras y le deseas lo mejor
… aún en la distancia.

Thairi Kahoiti

Una mente indomable

Después del evidente vacío que dejaste
la cama se hizo gigante
los días pasan con la rutina en repeat
Escucho el sonido de los autos y mi corazón salta
porque una parte de mí quiere que seas tú quien llega
Veo tus libros, nuestra foto sin portarretratos
y escucho la música que solías tocar con tu guitarra
Avísame por favor cuándo regresas
que tu ausencia me está matando a cuentagotas.

Tenía tanto para darte
tantos amaneceres y atardeceres
tantas risas y aventuras
Tenía guardado el tiempo que sería destinado
a ver tus películas favoritas
Ya estaba preparada para darte la razón
a no dejarme llevar por mis emociones
Sí, tenía tanto para darte
Ahora dime…
¿Qué hace uno cuando se queda con el amor en las manos?

Thairi Kahoiti

Una mente indomable

Escribo porque no puedo llamarte
porque sé que ya es muy tarde
porque dejé ir la oportunidad de que te quedaras para siempre
por terca, por cobarde o por orgullo
Escribo porque sé que ya no hay vuelta atrás
porque no importa lo que diga, tú no volverás
porque necesito sacarme del pecho este sentimiento de
"te extraño"
y aunque no puedo decírtelo
lo escribo porque sí, porque aún te pienso…
después de tanto.

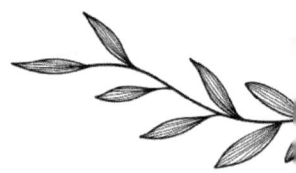

Fui la princesa de un castillo embrujado
construido con falsas promesas
paredes de cartón y techo de hojalata
sin ventanas ni puertas
conviviendo con el olor a humedad y a mentiras
donde el príncipe era el villano del cuento
y la historia no tuvo un final feliz.

¿Será que me extrañas?
¿Será que aún recuerdas el agua fría de la cascada?
como nuestra respiración quedaba suspendida en el aire
y los árboles nos envolvían
como nos sosteníamos el uno al otro
Estábamos ahí, estábamos vivos
la vida tenía de nuevo sentido
y tú me la quitaste.

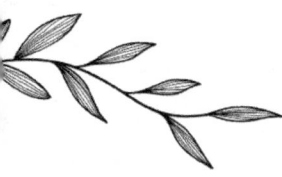

¿Por qué no puedo dejar de pensarte?
después de todo el daño que me hiciste
después de irte sin mirar atrás
como si nunca existí… como si nunca me quisiste
¿Por qué sigo esperando que regreses?
después de demostrarme que no tienes intenciones
después de recorrer el mundo solo
y yo aún queriendo recorrerlo contigo
¿Por qué fui tan poco para ti
y yo sigo queriendo que seas mi todo?

Thairi Kahoiti

Una mente indomable

Ya no quiero escribir
ya no queda nada más que decir
solo resentimiento que por más que intento
no logro sacar de mi alma
te quise tanto que me quedé vacía
sin nada más para dar
quise borrarte de mi memoria
convertirte en un capítulo que nunca existió
una etapa de mi vida de la que no quiero hablar
pero no puedo…
tu recuerdo está más vigente que nunca.

De qué sirve un día frío
si no te tengo a ti para abrazarme.

No me regales flores
para después destruir mi jardín.

Hoy decidí salir a caminar a esa montaña
que tanto visitamos juntos
Hoy el camino está seco y se siente distante
El sol ya no calienta como antes
y los árboles ya no dan la misma sombra
Tomo mi teléfono y marco un número
que me sé de memoria
pero no tengo respuesta
Me detengo en el mismo lugar donde hace años
nos tomamos una foto
la que pusiste en tu perfil y me encantaba
Intento llamarte una vez más
sabiendo que esa era la última vez que lo haría.

Thairi Kahoiti

Una mente indomable

Escribo porque mis palabras se quedaron suspendidas
en el vacío de tu presencia
Escribo porque la nostalgia me recuerda lo que pudo ser
Escribo para crear en mi mente una vida
en la que sí quisiste estar conmigo
Escribo para sentirte cerca aun cuando estás tan lejos.

Perdí más cuando llegaste
que cuando te fuiste.

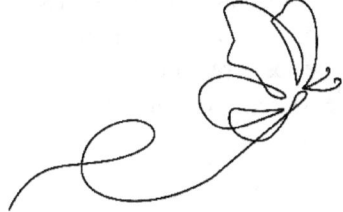

Y es que para qué quiero tus fotos
si me basta con cerrar los ojos para recordarte.

Thairi Kahoiti

Una mente indomable

Me enfrenté a tus demonios para poder tocar tu alma
y me dejaron tan mal herida
que los arranqué de ti
y ahora viven conmigo.

CAPÍTULO III

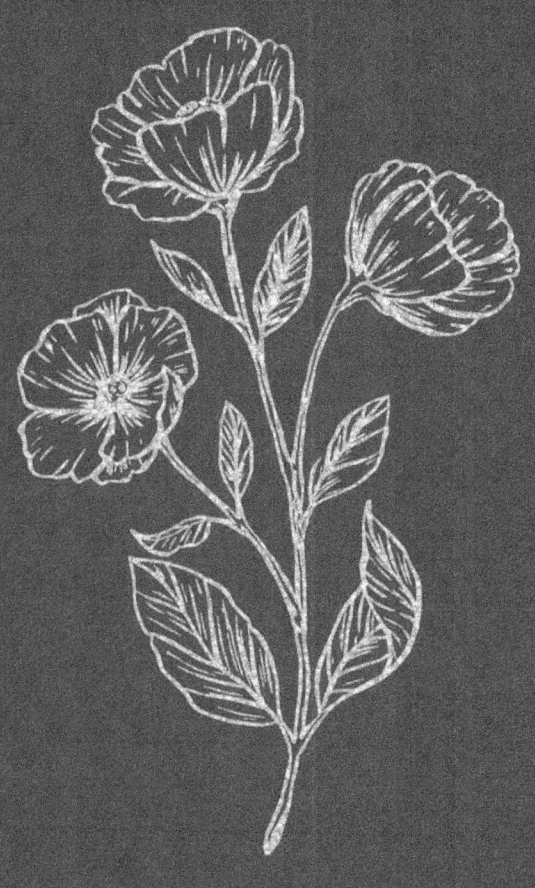

Mira que hay que ser pelotudo para no valorar
que teniendo yo el privilegio de estar sola
quise compartir mi vida contigo.

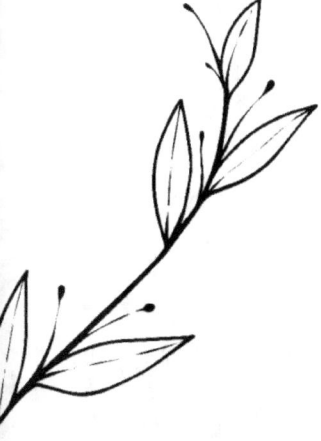

Thairi Kahoiti

Una mente indomable

Te fuiste y me hiciste el alma pedazos, sí
Lloré hasta que no quedó una lágrima más
me sumí en la oscuridad más absoluta de mi existencia
caí en un precipicio que pensé que no tendría fin
y allí abajo me encontré con mi verdadera yo
encontré mil y un razones para seguir adelante
me miré al espejo y vi a un alma pura y sin resentimiento
por la que vale la pena luchar mil batallas
me puse de pie y caminé más firme que nunca
con más seguridad y valentía
brillé como nunca antes lo había hecho
y descubrí la magia que habita en mí
Así que no estuvo tan mal que me dejaras
porque cuando te fuiste, me regalaste amor propio
y ese es un superpoder que me acompañará
para siempre.

Cambié la nostalgia por resentimiento
dejé de culparme por errores que no fueron míos
entendí que una pareja se conforma de dos
y que se necesita del otro para poder construir
porque yo estuve construyendo sola y me quedé sin fuerzas
Es difícil cargar con un peso que no te corresponde
y lo haces por "amor"
pero cuando te das cuenta de que eso no es amor
eres capaz de soltar y liberarte
porque el amor no lastima, el amor no minimiza,
el amor no ultraja
Si duele no es amor,
sino algo de lo que nos conviene alejarnos.

Thairi Kahoiti

Una mente indomable

Yo no quiero ser tu casi algo
yo quiero ser tu casi todo
No me interesan los amores a medias
Yo entrego todo, con fuerza, con intensidad
Si solo me darás las sobras de tu amor
entonces quédatelas, que yo no las necesito.

Le escribo al amor porque sigo creyendo en él
creo en su poder de curarlo todo
porque su fuerza envuelve cada partícula de mi existencia
No me importa que me hayan roto el corazón
yo creo en el amor por la forma en que yo amo
sin mesura, a destiempo, a los cuatro vientos.

Thairi Kahoiti

Una mente indomable

Tenemos tanto temor de estar solos
que preferimos quedarnos con personas
                        que no nos suman felicidad
aguantamos tantas cosas
pasamos por alto barbaridades
todo por el miedo a no saber estar con nosotros mismos
Si tan solo supieras que la soledad es un regalo
y conocernos a nosotros mismos es un privilegio.

Y es que no se trata de querer un felices para siempre
se trata de querer ser felices ahora
me siento viva cuando disfruto el presente
sin tener que preocuparme por el futuro.

Thairi Kahoiti

Una mente indomable

El día que aprendí a ponerme a mi primero, lo entendí todo
y es que cómo voy a pretender amarte a ti
sin haber aprendido a amarme a mí misma
por eso hoy al amar me siento libre
amo con fuerzas desmedidas
sin miedos y sin prisas
porque sin importar lo que pase al final de esta historia
a la que llamamos vida
siempre me tendré a mí
¡Qué privilegio!

Pisa fuerte, que te escuchen
que nadie se olvide de que estuviste allí
haz todo el ruido que sea necesario
que tu presencia ilumine cada sala en la que entras
y las miradas te persigan a tu andar
una mujer como tú no está para pasar desapercibida.

Thairi Kahoiti

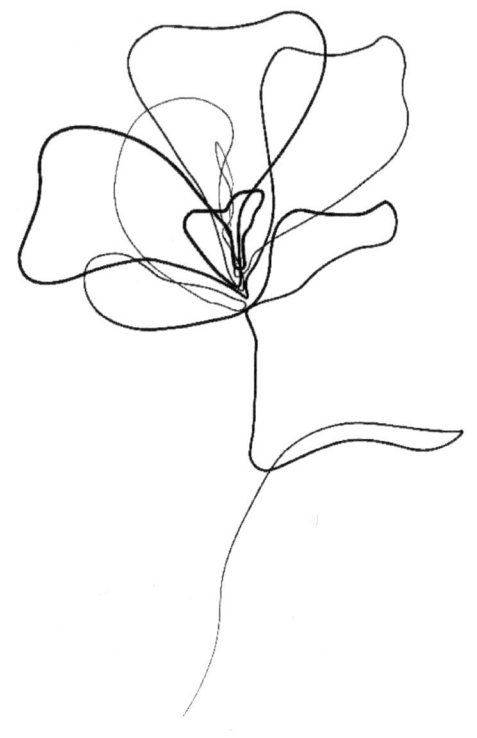

Si escuchas tu corazón con detenimiento
te dará todas las respuestas que estás buscando
Aprende a interpretarlo
es más sabio de lo que piensas.

Thairi Kahoiti

Una mente indomable

Haberte perdido pasó de ser una tragedia
a convertirse en lo mejor que me pudo pasar en la vida
Me dejaste con el alma rota y el amor en las manos
mismo amor que utilicé para sanar mis heridas
Y descubrí que sí existe el amor bonito
y lo veo todos los días cada vez que me miro en el espejo.

Descubrí que me gusta dormir más del lado izquierdo
que del derecho
Se siente increíble no tener que discutir
sobre el diseño de la casa
o de si podemos o no ir de vacaciones.

Yo que soy tan sí a todo
siento que volví a vivir.

Y no me malinterpretes, te extraño y todavía me dueles
pero encontré a alguien por quien vale mucho la pena luchar
ese alguien soy yo
y no lo cambio por nada.

No tengas miedo de irte
Tienes guardado en un cajón, muy en el fondo de tu corazón
a la verdadera tú
Está esperando por ti, rescátala
sácala de ese lugar donde la pusiste el día que llegó él
por querer complacerlo poco a poco fuiste cambiando tu esencia
¿De verdad vale la pena? NO, no lo vale
Si no te valoran, si te quieren cambiar, si te limitan,
AHÍ NO ES.
No tengas miedo de irte
Levanta la cabeza y con firmeza di *adiós*
Un lugar mejor te está esperando con las puertas abiertas
para recibirte como lo que eres
UNA REINA.

Thairi Kahoiti

Una mente indomable

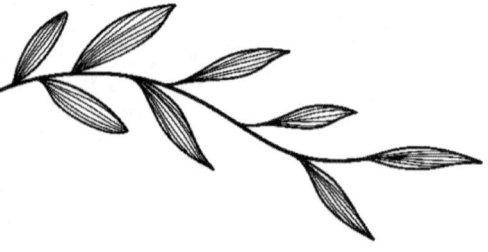

Que bella me veo siendo feliz
No había notado la luz que irradio cuando no cargo
con el peso de los demás
cuando puedo ser yo en mi máxima expresión
cuando puedo hablar, decir y hacer lo que me venga en gana
Que bella me veo siendo libre
¡Y QUE BIEN SE SIENTE!

No, no soy tu pequeña
de hecho, no soy la pequeña de nadie
La vida me ha demostrado que fui hecha
para cosas muy grandes
No me llames pequeña
porque soy tan grande como mis mismos sueños.

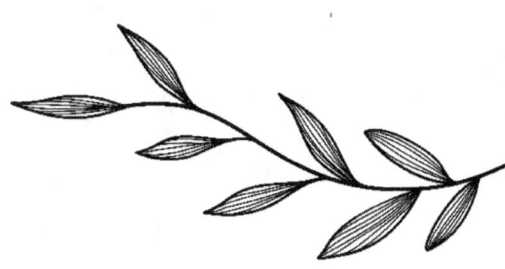

Thairi Kahoiti

Una mente indomable

Que afortunada soy de sentir el frío
                        que me entume las manos
de sentir la brisa que me quema la cara
de que el sol no me deje abrir los ojos
que afortunada soy de estar viva.

Para llorar me sobran motivos
la brisa jugando con mi pelo
el olor del agua salada
el sonido de las olas del mar
que bien se siente llorar
cuando las lágrimas son de felicidad.

Thairi Kahoiti

Una mente indomable

Decirte adiós fue una de las decisiones
                              más difíciles de mi vida
es difícil decirle adiós a la persona que amas
porque a veces el amor no es suficiente

Duele sí… pero dolía más estar contigo
                      con la promesa de un futuro incierto

Porque cuando no sabes a dónde vas
eres como un barco a la deriva
y yo soy más de aviones con ruta exacta

Tal vez el futuro que quería contigo
                  me verás viviéndolo con alguien más
y quizás te arrepientas o te alegrarás por mí, no lo sé…
porque no estaré ahí para averiguarlo.

Hoy la gota de vino en mi copa corre más lento
no tiene prisa
disfruta el recorrido
recuerda lo vivido, sonríe y sigue adelante
despacito, sin sueños rotos
con el alma llena
se siente orgullosa, plena
Hoy la gota de vino en mi copa, disfruta el momento
y vive el presente
da gracias por lo que fue y construye lo que vendrá.

Thairi Kahoiti

Una mente indomable

Mujer, que bella te ves luciendo segura de ti misma
No permitas que nadie te apague
Eres vida, eres luz, eres creatividad, eres paz
Tienes tanto para darle al mundo
que a veces se te olvida encontrarte a ti
Cuando te sientas dispersa, sin rumbo
solo tienes que verte al espejo
ahí tienes la respuesta
"Tú puedes, a ti nunca te ha quedado nada grande".

Ella era un rayo de sol en una mañana fría
las flores crecían a su paso
su sonrisa era capaz de curar heridas
y su voz una caricia para las almas rotas
ella, tan perfecta, tan hermosa.

Thairi Kahoiti

Yo no quiero jugar al juego del desinterés
si te intereso, demuéstramelo
yo ya no estoy para perder el tiempo.

Thairi Kahoiti

Una mente indomable

No lo hagas
si no es algo que te vibre el alma, no lo hagas
no te conformes
El corazón no se equivoca
escúchalo y confía
deja que te guíe
no tengas miedo al rechazo
es mejor un lo intenté a darse por vencido sin intentarlo
La vida es muy corta como para limitar nuestra felicidad
No te des por vencida en una batalla
que ni siquiera has luchado.

No me arrepiento de los amores pasados
me han enseñado tanto
me enseñaron cómo amar y como no quiero que me amen
me empujaron al vacío y me enseñaron a volar
con su partida,
me enseñaron que el amor propio es más importante
y es que al final de esta historia
tenemos que amarnos a nosotros mismos
para poder amar a alguien más

Thairi Kahoiti

Una mente indomable

Me siento feliz
me siento plena
estoy dedicando mis días a hacer lo que me gusta
escucho la música que quiero en el momento que quiero
canto, bailo, me tomo mil fotos
paso horas leyendo
preparo mis comidas favoritas
y voy al cine a ver las películas que a mí me gustan
decidí elegirme a mí y ha sido la mejor elección de mi vida.

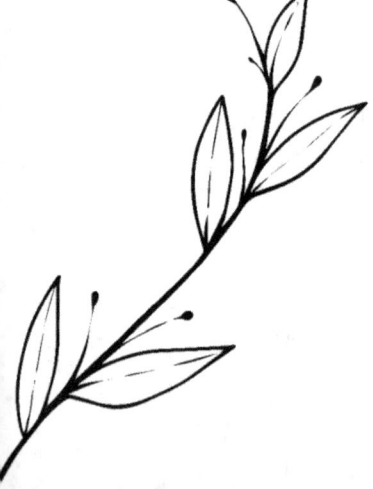

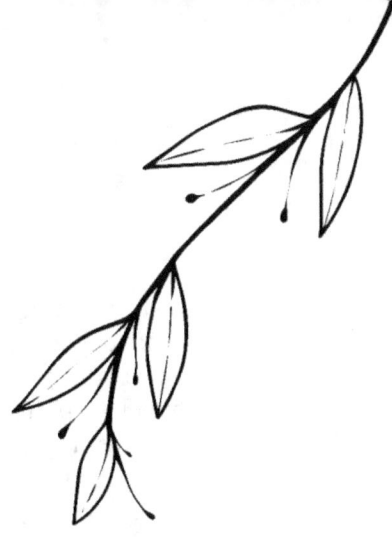

El tiempo es capaz de curar
lo que alguna vez creímos incurable
por más que hoy duela, tú tranquila
porque mañana será bonito
sonreirás
y aprenderás a amar tus cicatrices.

Thairi Kahoiti

Una mente indomable

En esta noche oscura, adornada con faroles a media luz
disfruto del aquí y el ahora
no hace falta más
la luna luce perfecta
y las luciérnagas bailan al son
        de la canción de Adele que está de fondo
la silueta de los pinos adornan el paisaje
y el vino en mi copa resulta ser mi mejor compañía
que bonito se siente estar en el aquí y en el ahora
somos instantes y este se queda conmigo para siempre.

No me urge la compañía
resulta que me encanta pasar tiempo conmigo
no quiero aventurarme a conocer a alguien a las prisas
me estoy tomando mi tiempo,
y me tomaré el que sea necesario
porque sé que cuando llegue mi verdadero amor
tendré tiempo para estar con él el resto de mi vida.

Thairi Kahoiti

Una mente indomable

¿Existe la resiliencia en el amor?
tú me demostraste que sí
me obligaste a ser resiliente
a reinventarme después de la pérdida
después de haber perdido el futuro
                que me había imaginado contigo
la idea de una vida a tu lado
ahora estoy visitando sola aquellos lugares
                que pensé que visitaríamos juntos
cambié muchas cosas para ya no extrañarte
y poco a poco me enamoro de esta versión de mí
me reinventé, florecí y soy mucho más feliz.

Te extraño, sí
pero no quiero que regreses
me haces falta, sí
pero estoy mejor sin ti
me quedé con los momentos bonitos
y así quiero que continúe para siempre.

Thairi Kahoiti

Una mente indomable

No puedo negar que tu partida, dejó un vacío abismal
que sigues siendo parte de mi día a día
y después de tanto tiempo, mi familia
sigue preguntando por ti.

Ahora mi vida es un poco diferente
me levanto más temprano en las mañanas
hago ejercicios y como más sano
Ahora viajo más,
porque ya no hay motivos para quedarme en casa.

He aprendido sobre la inteligencia emocional
y la comunicación asertiva,
esa que tanto me faltó contigo.

Aunque no hay nadie en casa, no me siento sola
Descubrí que soy muy buena compañía
y que es un privilegio estar conmigo.

Gracias por irte
si no te hubieras ido
no hubiera podido conocer al amor de mi vida
te fuiste y le dejaste la puerta abierta al hombre perfecto
al que siempre quise
contigo pasé por alto muchas cosas
por mi empeño de que fueras tú
quise convencerme de que eras el amor de mi vida
pero llegó él como sacado de mis pensamientos
el hombre que siempre quise, el que siempre soñé
llegó a mi vida gracias a que tú te fuiste.

Thairi Kahoiti

El amor a cuentagotas no es suficiente
recuerda que allá afuera hay alguien
dispuesto a regalarte el océano.

Thairi Kahoiti

Una mente indomable

Y aunque todavía te pienso
y me dueles
estoy mucho mejor ahora que no estás
y por la forma en la que te fuiste, sin mirar atrás
arrasando con cualquier rastro de nuestro amor
me demostraste que tomé la decisión correcta al dejarte ir
porque las personas dicen más de cómo se van
que de cómo llegan.

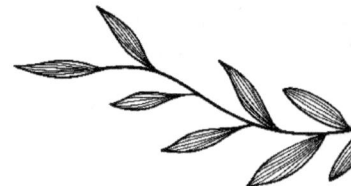

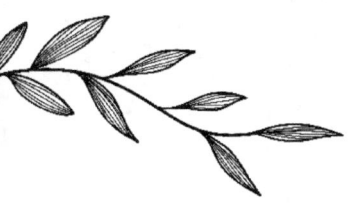

El amor propio es un trabajo individual
y ahora que estoy completa,
no busco a alguien que venga en piezas
no es mi responsabilidad arreglar a nadie
quiero a alguien con quien compartir mi felicidad
no alguien que se robe la mía
alguien que me traiga claridad, no confusión
alguien que esté tan completo como yo
y juntos comernos el mundo

Thairi Kahoiti

Una mente indomable

El sentimiento de traición genera una tristeza inexplicable
y junto a esa tristeza
se desencadenan una serie de acciones
de las que seguramente nos arrepentiremos más adelante.

Es muy difícil recuperarse de una traición
lazos que se crearon durante años
se pueden destruir en segundos.

Pero quien ama de verdad, no traiciona
así que a veces es mejor pasar por ese dolor
y sacar de nuestra vida a personas
que no merecen estar en ella.

No me rindo
No me importa cuantas veces tenga que levantarme
la esperanza siempre guiará mi espíritu
seguiré creyendo en el amor
porque mi forma de amar es tan pura
que es incapaz de romper a alguien
y sé que en la inmensidad de gente que nos rodea
encontraré a alguien capaz de amar
de la misma forma en la que yo amo.

Thairi Kahoiti

Una mente indomable

Ya me cansé de intentar satisfacer a todo el mundo
me di cuenta que la vida es muy corta y pasa muy rápido
ya no quiero cargar con responsabilidades
                             que no me corresponden
aprendí que la salud mental es más importante
                                   que el qué dirán
saco de mi vida lo que no me suma
dejo ir lo que desestabiliza mi paz
me pongo a mi primero… siempre.

La vida es muy corta
mójate el pelo
anda descalza
ríete de ti misma
comete errores y aprende de ellos
nunca te quedes con las ganas
olvídate del qué dirán
descubre el mundo y descúbrete a ti
tú eres la protagonista de tu vida
no hagas de ella una novela aburrida
la vida es muy corta
vívela.

Thairi Kahoiti

Una mente indomable

No me pidas que me calme cuando fuiste tú
                    quien desató este torbellino
no se le pone frenos al corazón
          porque el amor no entiende de velocidades
el amor no se piensa, se siente
y después de pensarlo tanto
cuando estés listo para tomar una decisión
ya yo no estaré aquí para escucharla.

Tomar la decisión de irse
de donde en algún momento se fue feliz
no es fácil
pero irse resulta mejor cuando quedarse es un peligro
y me iré las veces que sean necesarias
porque no me resigno a que la felicidad sea un recuerdo
sería como arrancarse el corazón
y ponerse uno de cartón
para seguir viviendo

Thairi Kahoiti

Una mente indomable

Yo soy más de otoño
me gusta el proceso de los cambios
no tengo miedo a perderlo todo
porque confío en que llegará la primavera.

Me gusta ver las hojas cambiar de color
y como al caerse adornan las calles
pero lo mejor de todo es que después de un tiempo
nacen hojas más fuertes que nunca.

Soy fiel creyente de los ciclos
no me gusta quedarme en un solo lugar
me arriesgo y apuesto
si estoy de suerte, gano
sino aprendo y gano igual.

Thairi Kahoiti

Una mente indomable

Creo en mí y en el poder que tengo
de transformar mi destino
vibro bonito y no me culpo
por mis errores del pasado
Ahora viajo ligera
porque aprendí que para ser feliz
no necesito tanto equipaje.

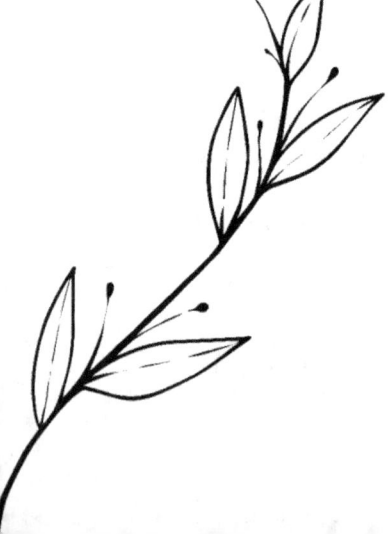

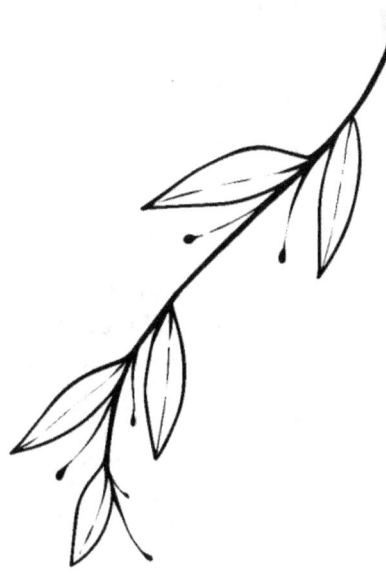

No creo en casualidades
cada paso que damos está cuidadosamente diseñado
por las leyes del universo
por eso no forzo las cosas
ni obligo a nadie a quererme
what is mean to be, will be
si así lo quiere el destino
y si así lo quiere Dios.

Thairi Kahoiti

Una mente indomable

Enamorada de los atardeceres
del color del cielo y de las nubes
de las plantas, de las flores y sus espinas
de todos los perritos que veo en la calle
de la sonrisa de la gente
de las canciones en la radio
el amor está en todas partes
pero sobre todo, está en mí.

Está bien tener días malos
no querer salir de la cama
pensar en todo o en nada
llorar si así lo quieres
la tristeza también es necesaria
para hacernos sentir vivos
los días malos, no son tan malos como crees.

Thairi Kahoiti

Una mente indomable

Déjame sola
prefiero mil noches en soledad
una casa vacía
y cumpleaños olvidados
que la presencia de alguien
que no es feliz a mi lado.

El día que descubrí que ser feliz es una decisión
y no un estado de ánimo
ahora hasta de verme enojada, me río.

Thairi Kahoiti

Una mente indomable

Dejar ir puede ser doloroso
pero nos puede abrir puertas a posibilidades infinitas
no te ates a nada ni a nadie por temor a lo incierto
la mayoría de las veces, lo desconocido
puede ser sorprendente.

No me digas que sin mí no puedes vivir
no quiero a nadie que dependa de mí para respirar
no pretendo llenar tu vacío interno
no confío en personas rotas que solo buscan romper.

Thairi Kahoiti

Una mente indomable

Que me vean
que hablen
que juzguen
y critiquen
yo les saludo,
sonrío
y sigo mi camino.

Vas a estar bien
incluso los árboles pierden todas sus hojas
y cuando menos lo esperan
le están saliendo hojas nuevas
¡Confía!

Thairi Kahoiti

Una mente indomable

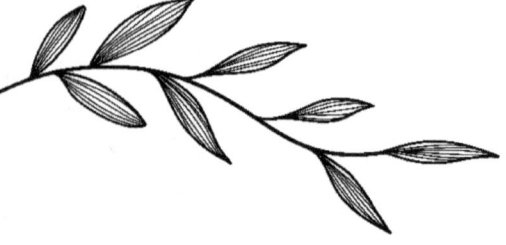

Aunque pensaba que sin su amor me moriría
resultó que no morí sino renací
como una flor en primavera
como el sol en pleno verano
más brillante, más hermosa, más feliz.

Yo prefiero alejarme
antes de romper lo que no encontré roto
porque prefiero ser un bonito recuerdo
y no un presente destrozado.

Thairi Kahoiti

Una mente indomable

Yo amo mucho mis alas
como para que alguien venga a querer
prohibirme volar.

CAPÍTULO IV

Y qué es la poesía
sino una caricia para el alma
y un besito en el corazón.

Thairi Kahoiti

Una mente indomable

Mami, aunque te tenga a kilómetros de distancia
no quiero que dudes ni un segundo de lo cerca que estoy
no dudes que te pienso cada día
en cada decisión que tomo, ahí estás tú
escucho esa vocecita en mi cabeza diciendo
"si vas a hacer las cosas, hazlas bien"
Tu excelencia me ha acompañado siempre
Tú has sido la responsable de cada uno de mis logros
y aunque muchas millas nos separen
nuestro vínculo se mantiene intacto
porque el amor que construiste entre nosotras es tan fuerte
como el mismo acero.

Tuve una infancia feliz
rodeada de música y juegos
todavía recuerdo cuando mi abuela me enseñó a bailar
bailábamos pasodoble, cumbia, salsa y merengue
tenía una gaveta llena con los casets de mis cantantes favoritos
y mi abuelo llegaba todas las tardes con mis dulces preferidos
han pasado muchos años desde entonces
y aun sigo siendo la niña de la casa.

Thairi Kahoiti

Una mente indomable

Dicen que somos la generación de valientes
la que metió su vida en una maleta para emprender una aventura
en un reino muy lejano
en busca de sueños, de oportunidades
y sí, somos muy valientes
pero cuando suena el teléfono y entre llantos te dicen
que murió un ser querido
¿A dónde se nos va la valentía?
¿De qué nos sirvió ser valientes para emigrar
si con una llamada nos cortan las alas?
Cuando en un momento tan íntimo y familiar
no tienes más compañía que la tuya
no tienes a quien abrazar ni quien seque tus lágrimas
Hoy no quiero ser valiente
Hoy quiero salir corriendo.

Esa amiga a la que puedes contarle todo,
sin tener un gramo de pudor
la que sabes que, aunque hayas hecho la cosa más terrible
no te va a juzgar
a la que recurres cuando sientes
que el mundo se te viene abajo
cuando tienes el pecho hecho trizas y el corazón arrugado
la que deja todo al instante por escucharte,
por estar ahí para ti
no importa cómo, no importa dónde
esa amiga con la que te une la sangre, tu hermana.

Thairi Kahoiti

Una mente indomable

Por supuesto que creo en el amor a primera vista
soy hermana mayor.

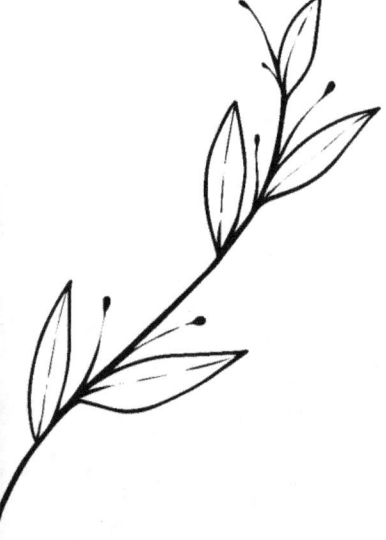

Hacer una nueva vida lejos del país que te vio crecer
se siente de muchas formas
aprender una nueva cultura
rodearte de personas nuevas
cambiar tu forma de hablar para que puedan entenderte
es una avalancha de cambios
que van moldeando tu forma de ser
para hacerte sentir que perteneces.

Pasan los años, ves todo lo que has logrado y te preguntas
¿será que valió la pena?
todos esos días de las madres lejos de mamá
cambiar las navidades en familia por navidades con amigos
perderte los nacimientos de tus sobrinos
y la graduación de tu ahijada.

Vivir con el miedo constante de perder un ser querido
y no poder despedirte.

Así se siente ser inmigrante,
así se siente estar lejos de casa.

Thairi Kahoiti

Una mente indomable

El norte del sur
la costa llena de caribe
donde la salsa se come y se baila
donde el béisbol forma parte de nuestro ADN
y dicen que nacen las mujeres más bellas
Cuando me preguntan de dónde soy
respondo que donde el mar refleja el alma del cielo
Así es mi Venezuela, tan mía, tan tuya, tan nuestra.

A los 22 años, recién graduada, tomé la decisión de emigrar.

Llena de miedos e incertidumbre
metí mi vida en una maleta de 23kg
y me armé de valor para emprender una aventura
en un país donde no tenía nada ni a nadie.

Para mi sorpresa me encontré con un país
que me recibió con los brazos abiertos.

Me enamoré de su gente, de su comida,
de su música, de su cultura
y de sus paisajes.

Gracias México por acogerme como tu hija.

Ahora puedo decir con orgullo, SOY MEXICANA.

Thairi Kahoiti

Una mente indomable

Dejar atrás todo lo que conoces con la esperanza
de un futuro mejor, es aterrador
decirle adiós a mamá sin saber cuándo será la próxima vez
que la vuelvas a ver, desgarra el alma
llegar a un país mucho más grande que el tuyo
conocer nuevas costumbres, nuevas ideas
te puede paralizar muchas veces
pero que esa decisión te haya permitido construir
la vida de tus sueños
no dudarás ni un segundo de que ha valido la pena.

Qué tan adictivo puede ser el poder
para no importarle a un presidente
el sufrimiento de su propia gente
se aferran como un niño a su juguete
se adueñan de un país como si lo hubiesen comprado
y no les importa que haya muerte, hambre y miseria.

La sed de poder es tan grande que, para poder saciarla,
arremete contra sueños, familias y el futuro
porque no les importa qué va a pasar mañana
mientras tengan el poder en las manos
se creen Dioses capaces de decidir
el siguiente capítulo de la historia.

Pero es ese mismo poder el que los hace esclavos
dedican cada minuto de su existencia a poder mantenerlo
y viven con el miedo constante de perderlo.

Todas las adicciones son destructivas
hacen que te sientas en la cima del mundo
pero tarde o temprano, te matan.

Thairi Kahoiti

Una mente indomable

Viendo como las hojas se van pintando de colores
y poco a poco van cayendo tras el paso del viento
de fondo el canvas de una vieja ciudad
que ya no se reconoce a sí misma
el sonido de un tren que no ha parado durante años
y que ahora es tan normal que ya nadie lo escucha
las risas de la gente provocadas por un fuerte whiskey
porque es viernes y porque hace frío
niños jugando en el parque
parejas de enamorados tomados de la mano
y el ruido de una ciudad que ha sido testigo de tanta historia.

… Edimburgo.

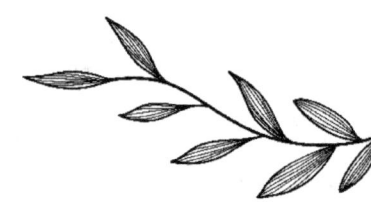

Hoy mi alma está triste y mi corazón apagado
veo como cientos de turistas llegan a lugares asombrosos
toman su foto y se van
no nos merecemos este mundo
fuimos bendecidos con tanto
y nos hemos conformado con tan poco.

Thairi Kahoiti

Una mente indomable

Que bonita eres Alemania
que bonitas te quedan las noches oscuras
¿Cómo puedes seguir irradiando seguridad
después de haber sido tan herida?
Gracias por poner tu mano en mi corazón
y calmar mis latidos.

En un día frío de otoño en Irlanda
tomé un lápiz y un cuaderno y comencé a escribir
la tinta y el papel se volvieron uno
mientras veía las hojas de los árboles bailar con el viento
las palabras brotaban de un río caudaloso
que era parte de una cueva que se había formado durante años
los pensamientos hacían un eco estruendoso
eran gritos de ayuda que Santa Brígida
vigilaba milagrosamente.

Thairi Kahoiti

Una mente indomable

        Da cinco vueltas alrededor
     con el sentido de las agujas del reloj
      y Santa Brígida siempre a tu derecha
       Eran las palabras que reposaban
        en un lugar sagrado de Irlanda
       No sé si fue destino o casualidad
haber encontrado paz en medio de una tormenta.

Es un mundo lleno de magia,
solo tienes que verlo de la forma correcta.

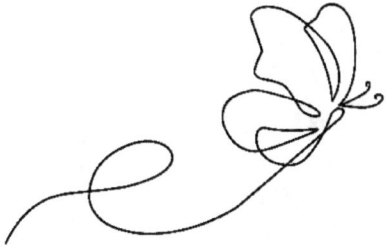

Thairi Kahoiti

Una mente indomable

Qué sabes tú de morir en vida
si los cuervos no te han mirado a la cara
con esos ojos que te invitan a que saltes al precipicio
con la promesa de que allá abajo terminarás de una vez
con tu efímera existencia
y tu nombre ni siquiera formará parte
de un recuerdo olvidado.

Mi vida empezó a ser más linda
cuando aprendí a disfrutar el mundo a través de mis ojos
y no a través de los ojos de alguien más
por medio de una pantalla.

Thairi Kahoiti

Una mente indomable

Si yo me preocupo por el qué dirá ellos
y ellos se preocupan por el qué diré yo
¿No seríamos más felices si nos dejara de importar
la opinión del otro?

Por qué nos genera tanto miedo empezar de cero
salir de la zona de confort
aventurarnos a lo desconocido
arriesgarnos
nos cortamos las alas
nos encadenamos y botamos las llaves del candado
nos imponemos una condena
que no deberíamos estar cumpliendo
La vida es asombrosa…
todavía estás a tiempo de conocerla.

Thairi Kahoiti

Una mente indomable

Que bonito coincidir con alguien con quien puedas destapar
una botella de vino y hablar de la vida, reír de lo más simple
y dejar lo complicado a un lado
perder la noción del tiempo porque estás tan ahí
que se te olvida el mundo
Que bonito es coincidir con alguien que vibre
en la misma sintonía que tú.

Me gustan los atardeceres
amo ver como se pinta el cielo de colores
y el canto de los pájaros a punto de las seis
cuando el sol descansa para prepararse para un nuevo día
y llega la luna, tan elegante como siempre
para hacernos compañía.

Thairi Kahoiti

Una mente indomable

Me aburre la gente que no comete errores
que proyectan tener una vida perfecta
soy fan de las personas reales
que no tienen miedo a equivocarse
y si se equivocan, se reinventan
y vuelven a intentarlo una y otra vez.

¿Sabrá el rayito de sol que entra por mi ventana
lo feliz que hace mis mañanas?

Thairi Kahoiti

Una mente indomable

Abro camino en un lugar nunca antes transitado
mis pies se hunden al pisar la hierba
que desde hace mucho no cortan
mi corazón late fuerte tras cada pisada
por el miedo de que haya un hueco en el que pueda caer
no ha parado de llover durante varios días
y el olor a tierra mojada se convirtió en humedad
miro hacia atrás para reconocer todo lo que he recorrido
me pregunto si será muy tarde para volver
me armo de valor y continúo mi camino
el viento cada vez es más fuerte
y me arrepiento de no haber traído mi abrigo
escucho un sonido lejano que reconozco
carros a toda velocidad sobre la carretera
apresuro el paso… siento que cada vez estoy más cerca
mi corazón se acelera, me cuesta respirar
logro ver la carretera… pero ya no pasan carros
cansada me tiro en la hierba mojada
intento gritar, pero apenas logro abrir la boca
mis ojos se cierran y doy mi último suspiro.

Me encuentro a la deriva
caminando sin rumbo fijo
escucho el ruido de un río, pero no lo veo
se oculta entre la maleza
como si sintiera vergüenza de que su cause ha disminuido
unos pasos más adelante me encuentro con la orilla del mar
que se une con el río que venía escuchando
su orilla está llena de algas
y veo a los pájaros hurgar en ella para encontrar comida
las rocas forman pozos que los patos utilizan como estanques
son las seis de la tarde, pero no veo el atardecer
el sol se fue sin avisar
y yo emprendo mi camino de regreso a casa.

Thairi Kahoiti

Una mente indomable

Esa fuerza intempestiva
que tiene el mar para formar las olas
sin importarle qué se le atraviese en el camino
con una determinación admirable para llegar a su destino
y las rocas lo reciben vigorosas
como si cada gota tiene un lugar exacto para posarse en ellas
han esperado durante años
con la certeza de que su encuentro sería inevitable.

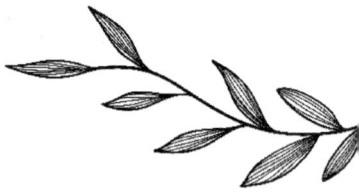

Si el ego es tu mayor virtud
no me quiero enterar de tus defectos.

En un mundo de cobardes,
ser valiente es un atrevimiento.

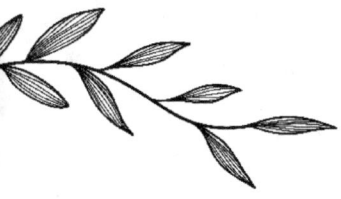

Ya nadie dice buenos días
ni te ven a los ojos
ni sonríen
andan en su burbuja
como aturdidos, adormecidos
no les interesa conocer al vecino
hacen amigos a través de una pantalla
cada vez somos más lejanos
cada vez estamos más ausentes.

Thairi Kahoiti

Una mente indomable

Desde mi ventana
veo los carros pasar con prisa
me pregunto a dónde van
y quién los está esperando
si están casados
o tienen hijos
o tal vez un perrito en casa que los recibirá con emoción al verlos
¿Sabrán ellos lo afortunados que son?
Desde mi ventana,
no logro reconocerlo.

Escribir me alivia la tristeza del alma
me calma las angustias
y me ayuda a tomar decisiones difíciles
escribo porque no conozco otra manera
de expresar lo que siento.

Thairi Kahoiti

Una mente indomable

Mujeres atrapadas en una jaula de oro
con miedo a salir
porque no saben usar sus alas.

No logro distinguir si lo que escucho
es el sonido de las olas o el silbido del viento
seguro es por las moras silvestres que me encontré en el camino
que me mantienen en este estado de aturdimiento
Huelo el agua salada pero no veo el mar
Mis pies siguen avanzando con la esperanza de encontrarlo
Llego
No veo arena,
solo rocas que parecen haber estado allí durante años
Me siento en un muro al borde de la carretera
y me pregunto a dónde se fue la arena
¿Se la habrá llevado el viento?
Hace frío
El viento me mueve de un lado a otro
y siento miedo de caer a ese mar
Sin arena y con agua helada
Lejos de casa
Lejos de mi mar caribe.

Thairi Kahoiti

EPÍLOGO

Este libro ha sido, en muchos sentidos, un viaje: un viaje hacia los rincones más íntimos del alma, hacia los momentos de calma y tormenta, de encuentro y despedida. Cada poema, una huella dejada en el camino; cada verso, una reflexión, un susurro, un grito de lo que a menudo no se puede expresar de otra forma.

Escribir poesía ha sido, para mí, un acto de liberación, un intento de capturar lo efímero, de poner palabras a lo que no siempre tiene forma, de hacer tangible lo invisible. Este libro no pretende ofrecer respuestas definitivas, ni iluminar todos los caminos, pero sí abrir puertas, hacer preguntas, despertar emociones que tal vez ya vivíamos, pero que no sabíamos cómo nombrar.

Los poemas aquí recogidos hablan del amor en su más amplia extensión: desde su esplendor hasta su sombra, desde su dulce promesa hasta su dolorosa ausencia. Pero también hablan de la vida en su conjunto, con sus paradojas, sus contradicciones, sus momentos de claridad y de confusión.

A lo largo de estas páginas he buscado, más que encontrar certezas, seguir explorando las infinitas maneras en que nos conectamos con el otro y con nosotros mismos. Porque, al final, la poesía no busca ser definitiva; más bien, nos invita a estar en constante movimiento, a encontrar nuevas formas de ver el mundo, y a entender que siempre hay algo más allá de lo que creemos conocer.

A ustedes, mis lectores, que han decidido acompañarme en este viaje, les agradezco profundamente. Ojalá estas palabras hayan tocado algo dentro de ustedes, algo que los inspire a seguir buscando, amando y viviendo, con la certeza de que, en cada verso, en cada poema, hay una parte de nosotros mismos.

Gracias por ser parte de esta aventura literaria. Nos encontramos en el misterio de la poesía, donde las palabras nunca dejan de resonar.

ACERCA DEL AUTOR

Thairi Kahoiti es Ingeniera en Informática, originaria de Venezuela, y actualmente reside en México. Su formación técnica contrasta con su profundo amor por la poesía, que ha sido su refugio y su forma de explorar el mundo emocional. A lo largo de los años, ha cultivado una escritura sensible y reflexiva, donde la belleza de las palabras se entrelaza con su mirada única sobre la vida, el amor y la naturaleza humana.

A través de su obra, Thairi busca crear puentes entre su origen venezolano y su nueva realidad en México, explorando las emociones que surgen del cambio, la nostalgia y la esperanza. Su poesía es un reflejo de su constante búsqueda por encontrar equilibrio entre la lógica y la pasión, entre la razón y la emoción. Con este libro, ofrece una ventana íntima a su universo personal, invitando al lector a sumergirse en un viaje de sentimientos, recuerdos y pensamientos que trascienden fronteras y tiempos.

www.ingramcontent.com/pod-product-compliance
Lightning Source LLC
Chambersburg PA
CBHW071400210526
45465CB00001B/184